27 janvier 1882

TABLEAUX

DE

MAITRES ANCIENS

CATALOGUE

DE

TABLEAUX

DE

MAITRES ANCIENS

VAN BLARENBERGHE — JAN BOTH — CAMPHUYSEN — JAN LE DUCQ
GÉRICAULT — GOYA — J. VAN GOYEN — GUARDI
HALS — DE HEEM — VANDER HEYDEN — HOOGSTRATEN
HONDEKOETER — VAN KESSEL
LAJOUE — LANCRET — MIEREVELT — J. ET K. MOLENAER — A. MOOR
P. NEEFFS — A. VANDER NEER — A. VAN OSTADE
VANDER POEL — PYNACKER — RAVESTEIN — J. ET S. RUYSDAEL
SCHENAU — JAN STEEN — TENIERS — PH. ET P. WOUWERMAN

ŒUVRE CAPITALE DE R. WANDER WEYDEN

PEINTURES INTÉRESSANTES DES XVe ET XVIe SIÈCLES

VENTE HOTEL DROUOT, SALLE N° 8

Le Vendredi 27 Janvier 1882, à 2 heures

COMMISSAIRE-PRISEUR

Me PAUL CHEVALLIER, Succ^r de Me CHARLES PILLET

10, rue de la Grange-Batelière

EXPERT : M. CHARLES GEORGE, 12, rue Laffitte.

Chez lesquels se trouve le présent Catalogue.

EXPOSITIONS

PARTICULIÈRE	PUBLIQUE
Le mercredi 25 janvier 1882	*Le jeudi 26 janvier 1882*

De 1 heure à 5 heures.

CONDITIONS DE LA VENTE

Elle sera faite au comptant.

Les adjudicataires payeront *cinq pour cent* en sus des enchères.

Paris. — Imp. Pillet et Dumoulin, 5, rue des Grands-Augustins.

TABLEAUX ANCIENS

DÉSIGNATION

BASSEN

(BARTHÉLEMY VAN)

XVIIe SIÈCLE. — École hollandaise.

1 — *Intérieur d'Église.*

Parmi les figures qui animent la grande nef d'une église gothique, on remarque, au premier plan, deux personnages qui font l'aumône à un pauvre assis sur les dalles.

Signé en toutes lettres et daté 1638.

Bois. Haut., 39 cent. ; larg., 55 cent.

BERGEN

(DIRK VAN)

Né à Harlem. — Mort vers 1680.

2 — *Paysage et animaux.*

Trois vaches, un bélier et une chèvre paissent sur un tertre baigné par une rivière dans laquelle sont entrés un cheval et une brebis. Le pâtre, ayant son chien près de lui, est à califourchon sur un tronc d'arbre renversé. Un coteau boisé occupe le second plan.

Agréable production de l'artiste, digne du pinceau d'Adrien Vanden Velde.

Signé des initiales.

Collection François Nieuwenhuys.

Toile. Haut., 38 cent.; larg., 48 cent.

BLARENBERGHE

(VAN)

(XVIIIe siècle)

3 — *Divertissements à la campagne.*

On rit, on boit, on danse au son du violon, sous les tonnelles d'une guinguette, au bord de la rivière. Un petit-maître et une élégante font des salutations à une société qui part pour la promenade dans une grande barque abritée du soleil par une tente disposée en berceau. Sur l'autre rive, un jeune homme aide les dames à prendre place dans le bac du passeur. Non loin de là, sur une route est un chariot attelé de plusieurs chevaux.

La vue est très étendue. La rivière reparaît sur un plan éloigné; elle borde une île où sont établies des blanchisseries; puis elle décrit un coude —, à cet endroit elle est couverte de barques —, et va passer devant un village coquettement assis au bas des coteaux. C'est un charmant panorama.

Tous ces petits personnages, qui portent les élégants costumes de l'époque Louis XV, tous les détails de ce vaste paysage, sont d'un fini précieux, d'une surprenante perfection.

Toile. Haut., 42 cent.; larg., 54 cent.

BOTH

(JAN)

Né à Utrecht en 1610. — Mort en 1650.

4 — *Paysage.*

Un chemin bordé de broussailles serpente à travers un pays accidenté, entrecoupé de rochers et de montagnes ; on voit sur ce chemin deux hommes arrêtés au pied d'un bouquet d'arbres, un groupe d'animaux, et un villageois monté sur une mule. A droite, une rivière décrit ses sinuosités jusque dans les lointains où se dressent des montagnes éclairées par les feux du soleil couchant.

Toile. Haut., 62 cent.; larg., 1 m. 18 cent.

BREUGHEL (JAN)

ET

BALEN (VAN)

5 — *Le Repos en Égypte.*

Des anges présentent des fruits à l'Enfant Jésus assis sur les genoux de la Vierge près de laquelle sont le petit Saint-Jean et sainte-Elisabeth.

Cuivre. Haut., 24 cent.; larg., 32 cent.

Camphuysen

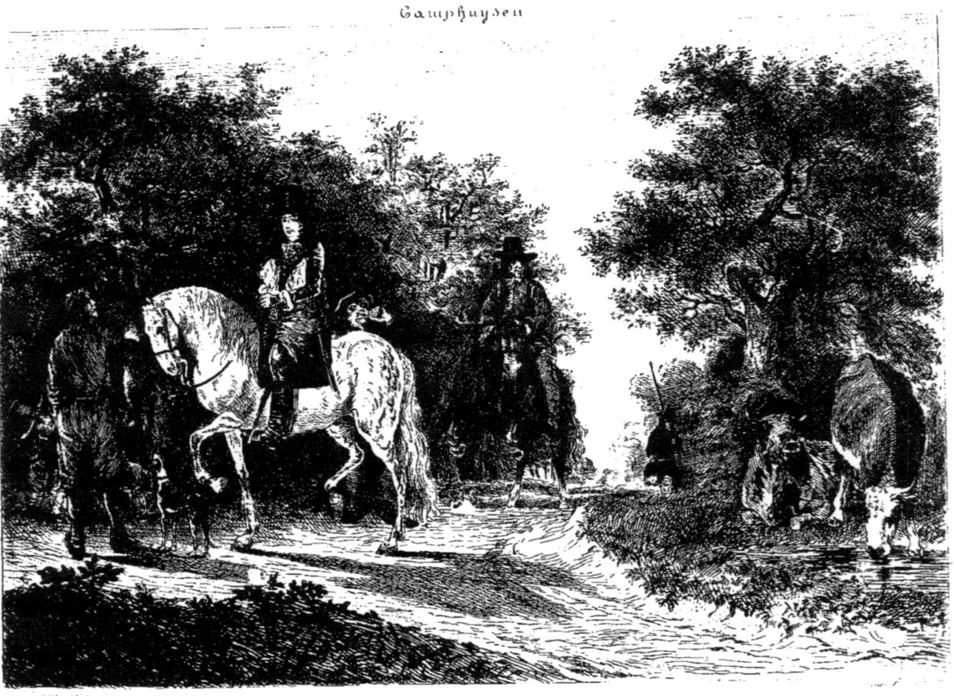

CAMPHUYSEN

(GOVERT)

1624-1674. — Amsterdam.

6 — *Halte de chasse.*

Dans une forêt de chênes, un seigneur, monté sur un cheval gris pommelé et en costume de chasse — chapeau noir, veste brune ouverte, culotte rouge, grandes bottes et couteau de chasse — s'avance vers la gauche, suivi d'un serviteur à cheval qui arrive au galop. Un piqueur à pied lui présente un lièvre. Un autre chasseur se repose, étendu par terre; un valet sonne de la trompe. Au loin, un second piqueur accourt tenant deux chiens en laisse. — A droite, deux vaches. Le chemin se prolonge et se perd dans le fond.

Superbe et important tableau de l'artiste d'un ton blond et harmonieux.

Collection de M. Roxard de la Salle (de Nancy).

Gravé par E. Champollion.

Toile. Haut., 1 m. 12 cent., larg., 1 m. 53. cent.

DOES

(SIMON VAN DER)

1653. — 1717. — Amsterdam.

7 — *Le Bocage.*

Dans une clairière verdoyante, à la tombée du jour, une bergère rassemble ses moutons. Etendu sur l'herbe, auprès d'une fontaine, un jeune garçon caresse un chien. A terre, une musette et une corbeille recouverte d'une étoffe bariolée. Sur un plan éloigné, un troupeau est déjà en marche pour rentrer à la ferme.

Toile. Haut., 65 cent.; larg., 79 cent.

DUCQ

(JAN LE)

Né à La Haye, en 1636. — Mort en 1695.

8 — *Le Tripot.*

La partie de tric-trac est terminée et les joueurs, trois soldats et trois courtisanes, se sont mis à boire et à fumer; tous ont le verre ou la pipe à la main. La salle est éclairée par une fenêtre située à gauche. Collée aux vitres, apparaît la face riante et épanouie d'un curieux écolier. On remarque sur le premier plan, au centre, un feutre gris à larges bords posé sur le coin d'un tabouret triangulaire, contre lequel s'appuie une épée, le pommeau touchant terre; à droite, un manteau jeté sur un tonneau; à gauche des plats, des canettes, une serviette chiffonnée, pêle-mêle sur une table recouverte d'un tapis.

Excellent tableau du maître, d'un rendu parfait dans tous les détails et peint dans une tonalité sobre, grise, très fine.

Toile. Haut., 61 cent.; larg., 50 cent.

GÉRICAULT

(THÉODORE)

Né à Rouen, en 1791. — Mort à Paris, en 1824.

9 — *Gibier.*

Un lièvre mort, deux perdrix, et un coq de bruyère.

Superbe étude, peinte avec énergie et d'une grande puissance de modelé et d'effet.

Collection de M. Binder.

Toile. Haut., 65 cent.; larg., 81 cent.

GIORDANO

(LUCA)

1632. — 1705. — Naples.

10 — *Portrait de l'artiste.*

La tête légèrement penchée, presque de face, des bésicles sur le nez. Longue perruque, cravate en dentelle avec nœud rouge, manteau de couleur foncée, à large collet rabattu et bordé d'un galon d'or.

Ce portrait a été gravé anciennement.

Collection Laperlier.

Haut., 70 cent.; larg., 55 cent.

GOYA

(FRANCISCO Y LUCIENTES)

1746. — 1828. — École espagnole.

11 — *Les Fiancés.*

Un toréador présente une bourse à une jeune fille en costume de manola. Un homme de haute taille, enveloppé dans un manteau, semble donner son consentement à cette union.

Ce groupe de trois personnages, de grandeur naturelle, est peint avec cette vigueur et cette audace de brosse, qui font la puissante originalité de Goya.

Toile. Haut., 1 m. 82 cent., larg., 1 m.

GOYEN

(JAN VAN)

1596. — 1666. — Leyde.

12 — *Les Bords d'un canal.*

Les eaux du canal occupent le devant de la composition ; dans un canot, à droite, des pêcheurs jettent leurs lignes. Des batelets et des bateaux à voile sont amarrés le long de la rive bordée d'arbres à travers lesquels apparaissent les toitures des chaumières.

Signé du monogramme et daté 1646.

Collection Roxard de la Salle.

Bois. Haut., 31 cent.; larg., 47 cent.

GUARDI

(FRANCESCO)

1712. — 1793. — Venise.

13 — *Palais en ruines au bord de la mer.*

Sur le devant, deux pêcheurs, l'un tenant une perche, l'autre portant un panier.

Au second plan, la porte cintrée d'un monument en ruines décoré de pilastres et de colonnes d'ordre corinthien. Au loin, l'arche d'un pont et le fronton d'un temple.

Collection François Nieuwenhuys.

Toile. Haut., 39 cent.; larg., 30 cent.

GUARDI

(FRANCESCO)

1712. — 1793. — Venise.

14 — *Ascension d'une montgolfière.*

Une foule de personnages sur un quai de Venise assistent curieusement à l'ascension de l'aérostat.

Figures bien mouvementées et d'une exécution vive et précise.

Haut., 22 cent.; larg., 30 cent.

GUARDI

(FRANCESCO)

15 — *Paysage.*

A gauche, deux hommes auprès d'un pâté de maisons que domine une tour en ruines; à droite, deux pêcheurs au bord d'une rivière; dans le lointain, des coteaux accidentés.

Haut., 22 cent.; larg., 32 cent.

HACKERT

(JAN)

1636. — Amsterdam.

16 — *Paysage.*

Un chemin ondule sur un plateau boisé qui domine une campagne baignée par une rivière; à droite, deux colporteurs passent auprès de constructions en ruines.

Toile. Haut., 98 cent.; larg., 1 m. 12 cent.

HALS

(Attribué à FRANS)

17 — *La Partie de musique.*

Assis sur un bahut en chêne, un jeune cavalier accorde sa mandoline. Il est coiffé d'un feutre noir et porte un pourpoint de soie grise, une large collerette bordée de guipure et un baudrier en broderie d'argent. Son manteau est jeté sur une chaise contre laquelle s'appuie son épée, le pommeau touchant terre. En face de lui, une jeune dame pose la main sur un livre ouvert sur une table. Des tableaux sont accrochés au mur gris qui forme le fond de la pièce.

Collection de M. le baron de Beurnonville.

Toile. Haut., 60 cent.; larg., 46 cent. et demi.

HALS

(Attribué à FRANS)

18 — *Le Rommelpot.*

Coiffé d'un feutre noir et pointu, un bon villageois, à la mine joviale, fait grincer son instrument devant la porte d'une habitation; deux gamins le suivent en riant. Figures à mi-corps, de grandeur naturelle.

Toile. Haut., 78 cent.; larg., 68 cent.

HALS

(DIRK)

Né à Harlem, en 1589; — Mort à Harlem, en 1656.

19 — *La Joyeuse réunion.*

Des jeunes seigneurs, en costume de l'époque Louis XIII et des courtisanes, entourent la table d'un musico hollandais. L'un d'eux en pourpoint de soie blanche, son feutre sur le genou, chante une romance qu'il accompagne sur la mandoline. Une dame donne sa main à baiser à son galant; adossée à sa chaise, une servante, assise sur le parquet, s'est endormie devant l'âtre d'une haute cheminée, les pieds posés sur les chenets.

Bois. Haut., 32 cent.; larg., 41 cent.

HEEM

(DAVID DE)

1600. - 1674. — Utrecht.

20 — *Nature morte.*

Des huitres sur un plat de métal, des grappes de raisin, des citrons, un verre à vin, une assiette d'oranges sur un coffret, le tout placé sur une table recouverte d'une nappe et d'un tapis.

Cadre sculpté. Haut., 55 cent.; larg., 92 cent.

HEYDEN (JAN VAN DER)

Né à Gorcum, en 1637. — Mort à Amsterdam, en 1712.

ET

VELDE (ADRIAAN VAN DEN)

Né à Amsterdam, en 1639. — Mort en 1672.

21 — *Extérieur d'une ville de Hollande.*

Un jardin soigneusement entretenu et une prairie où paissent des cerfs et des biches occupent le premier plan et sont séparés par un chemin. Sur ce chemin, un seigneur et une dame en promenade précèdent une villageoise. Plus loin, un jeune garçon poursuit une biche ; et l'on aperçoit des groupes de promeneurs sur une route qui longe le mur d'enceinte. A droite, des jardins en terrasse. Au centre, une habitation seigneuriale, qui domine les toits de la ville, vivement éclairée par le soleil, se détache sur un ciel bleu traversé par de grandes bandes de nuages orangés.

Une des œuvres les plus remarquables de l'artiste pour le précieux rendu des détails, la vérité de l'effet, l'harmonie de la couleur.

Les figures et les animaux sont dus à la collaboration d'Adrien Van den Velde.

Signé en toutes lettres.

Collection Dufraine de Cambray.

Bois. Haut., 48 cent. ; larg., 57 cent.

HOLBEIN

(Attribué à HANS)

22 — *Portrait présumé d'Ulrich Zwingle.*

Grandeur demi-nature. Assis, vu jusqu'à la ceinture, la figure de trois quarts tournée à droite; une calotte avec médaille d'or est posée sur sa tête; il porte un vêtement rouge en partie caché par un pardessus foncé doublé de fourrures; il a un poignard et tient à la main gauche un œillet.
Collection du baron E. de Beurnonville.

Bois. Haut., 42 cent., larg., 33 cent.

HOOGSTRATEN

(SAMUEL VAN)

1627. — 1678. — Dordrecht.

23 — *La Dame hollandaise.*

Jeune femme vue de face en robe de satin blanc décolletée, assise auprès d'une table sur laquelle est un coffre à bijoux. Au fond de la pièce, dont les murs sont décorés de tableaux, une porte entr'ouverte laisse voir une chambre à coucher faiblement éclairée par une fenêtre à petits vitraux. Sur la marche d'un escalier l'artiste a tracé ses initiales : S. V. H.

Toile. Haut., 64 cent ; larg., 50 cent.

HONDEKOETER

(MELCHIOR DE)

Né à Utrecht, en 1636. — Mort en 1695.

24 — *Un Poulailler.*

Coq, poules et poussins se dispersent dans tous les sens, effrayés par un oiseau de proie qui plane au-dessus du poulailler.

Signé des initiales M. D. H.

Toile. Haut., 75 cent.; larg., 1 m.

HONTHORST

(GÉRARD)

1592. — 1665? — Utrecht.

25 — *Portrait de jeune homme.*

En buste, de trois quarts, moustache naissante, cheveux châtains bouclés, retombant sur son col bordé de guipure. Manteau brun ; la main gantée.

Signé et daté 1643.

Bois. Haut., 73 cent., larg., 60 cent.

KESSEL

(JAN VAN)

1626. — 1678. — Anvers.

26 — *Le Corps de garde des singes.*

On vient d'arrêter un espion, un malheureux chat, qu'on amène devant le chef de poste, un maître singe, en pourpoint rouge, en bottes évasées, la canne à la main. A la lueur d'une torche, cet officier examine gravement le coupable avant de prononcer sa sentence. Cette scène tragique ne peut distraire les soldats de leurs occupations. C'est qu'ils sont tous absorbés dans de captivantes parties de trictrac ou de cartes, autour des tables espacées dans la vaste pièce qui sert de corps de garde.

Cette amusante composition est une réplique du célèbre tableau de Teniers qui faisait partie de la galerie de M. le comte Perregaux ; elle est peinte avec infiniment d'esprit par Van Kessel, l'un des meilleurs collaborateurs du maître.

Bois. Haut., 40 cent.; larg., 55 cent.

KESSEL

(JAN VAN)

27 — *Un Garde-manger.*

A terre des poissons, des melons, des grenades, et divers fruits. Sur une table, une corbeille de raisins, un saladier de fraises, etc., etc.

Cuivre, Haut., 22 cent.; larg., 30 cent.

28 — *Le Pendant.*

Corbeille et vases de fleurs, légumes, perroquet, etc.

Cuivre. Haut., 22 cent.; larg., 30 cent.

KLOMP

(ALBERT)

XVIIIe siècle. — École hollandaise.

29 — *Pâturage.*

Auprès d'une cabane couverte en chaume, le pâtre est assis sur l'herbe, à l'ombre d'une clôture en planches. Son troupeau se compose de deux vaches debout, d'un veau et de sept moutons couchés. — Au fond, d'autres animaux sont dispersés dans une prairie baignée par une rivière.

Grande analogie avec les œuvres de Paul Potter.

Bois. Haut., 49 cent.; larg., 64 cent.

LAJOUE

(JACQUES)

1687. — 1761. — Paris.

30 — *Vue d'un parc.*

Sous une coupole dont les baies cintrées sont supportées par des colonnes de marbre géminées, deux personnages en costume Watteau causent auprès d'un bassin à jet d'eau; des sculptures (groupes d'enfants) occupent le centre du bassin. Par l'ouverture d'une baie, on aperçoit au fond un parterre et la perspective de terrasses ornées de fontaines et de balustrades et dominées par des bouquets d'arbres. A droite, un jardinier, au sommet d'une échelle, ébranche des arbres.

Collection de M. le baron de Beurnonville.

Toile. Haut. 60 cent.; larg., 70 cent.

LAMBRECHTS

École hollandaise. — XVIIIe siècle.

31 — *Les Ménagères.*

Dans une cuisine abondamment approvisionnée de légumes de toutes sortes, une servante assise pèle des pommes posées dans son tablier. Une autre femme apporte des céleris sur un plat. Une troisième puise de l'eau à une fontaine.

Bois. Haut., 22 cent.; larg., 20 cent.

32 — *Même sujet*

Des légumes emplissent des corbeilles, des plats, ou sont jetés à terre. Au centre, un homme en habit rouge assis près d'un tonneau tient une canette.

Bois. Haut., 22 cent.; larg., 20 cent.

LANCRET

(NICOLAS)

Né en 1690. — Mort en 1743. — Paris.

33 — *La Poupée mécanique.*

Sur le perron d'un château, devant les colonnes du péristyle, deux dames en toilette Louis XV sont assises et assistent à l'exhibition de la poupée que deux petits savoyards ont sortie de sa caisse. L'un, debout, joue de la vielle ; l'autre, à genoux, vante les perfections du petit automate.

Cette composition peinte en grisaille est placée dans un encadrement d'ornements rocaille et de fleurs, également monochrome mais plus foncé.

Collection de M. le baron de Beurnonville.

Toile. Haut., 54 cent.; larg., 70 cent.

LONGHI

(PIERRE)

École vénitienne. — XVIIIe siècle.

34 — *La Leçon de danse.*

35 — *Épisode de bal masqué.*

Empruntées aux mœurs vénitiennes de l'époque de Louis XV, ces deux compositions, de même dimension, sont exécutées avec cette facilité de pinceau et ce sentiment de l'effet, tout à fait spéciaux à Longhi.

Toile. Haut., 54 cent.; larg., 72 cent.

LUTHERBURG

(PH. JACQUES)

1712. — 1740. — École allemande.

36 — *Pâturage dans la montagne.*

Le pâtre est assis sur un talus, le bras entourant le cou de son chien, auprès d'un petit troupeau composé d'une vache et de trois moutons couchés sur l'herbe et d'un bélier debout devant lui.

Bois. Haut., 28 cent.; larg., 40 cent.

METSU

(GABRIEL)

Né à Leyde, en 1615. — Mort à Amsterdam, en 1668.

37 — *La Ménagère hollandaise.*

Vue à mi-jambes, coiffée d'un feutre à bords arrondis, vêtue d'une casaque violacée et d'une guimpe en toile, elle se verse un verre de liqueur dans un petit gobelet en métal.

Bois. Haut., 18 cent.; larg., 16 cent.

MEULEN

(ANTON FRANZ VAN DER)

Né à Bruxelles, en 1634. — Mort en 1690, à Paris.

38 — *La Reddition d'une place forte.*

Louis XIV, à cheval, suivi de plusieurs cavaliers, reçoit la soumission des assiégés.

Haut., 28 cent., larg., 36 cent.

MIEREVELT

(MICHEL JANSZ)

1567. — 1641. — Delft.

39 — *Portrait d'une dame hollandaise.*

De grandeur naturelle, debout, vue jusqu'aux genoux, la tête de trois quarts tournée vers la gauche, elle porte un bonnet en tulle bordé de guipure, une large collerette finement tuyautée, une robe en soie noire à ornements brochés, et une chaine d'or. — Elle tient de la main gauche des gants, dits de mariage, brodés avec la date 1623 et une inscription, — sa main droite est appuyée sur l'accoudoir d'un fauteuil recouvert en satin cerise. — Dans le fond on lit l'inscription : Ætatis 25 anno 1623.

Collection de M. Roxard de la Salle (de Nancy).

Bois. Haut.: 1 m. 24 cent.; larg., 90 cent.

MOLENAAR

(JAN MIENSE)

Né en? 1668

40 — *Le Roi boit.*

Au premier plan, à gauche, le roi, coiffé d'une couronne de papier, boit aux applaudissements de quatre paysans attablés, dont l'un bourre une pipe ; en face du roi, vers la droite, une vieille femme ayant auprès d'elle un chien, non loin d'un hibou perché sur un escabeau. Au fond, un paysan descend un escalier en criant, un autre est accroupi au dernier plan.

Collection Rambertus Pots.

Galerie de M. John W. Wilson.

Bois. Haut., 39 cent.; larg., 50 cent.

MOLENAER

(KLAAS)

XVIIe siècle. — Amsterdam.

41 — *Paysage.*

Groupes de paysans sur les monticules qui forment le premier plan. — Au second plan, dans la verdure, un village et la tour de l'église.

Dans le lointain, des animaux dans les prairies. Ciel gris, nuageux.

Œuvre très fine de l'auteur, portant sa signature et la date 1652.

Bois. Haut., 47 cent.; larg., 64 cent.

MOLENAER

(KLAAS)

42 — *Paysage.*

Un canal de Hollande, sillonné par les batelets des pêcheurs, se subdivise en plusieurs bras, dont l'un est traversé par un pont de bois, Des villageois font la conversation sur un chemin qui monte à ce pont. Au centre de la composition, un îlot couvert de végétation.

Bois. Haut., 48 cent.; larg., 65 cent.

MOOR OU MORO

(ANTON DE)

Né à Utrecht, en 1525. — Mort à Anvers, en 1581.

43 — *Portrait d'une Dame de distinction.*

Représentée debout, dans un costume élégant et sévère, elle tient à la main droite une paire de gants ; sa main gauche est appuyée sur une table. Elle est coiffée d'un béguin de linon et d'une cornette rouge brodée d'or. Une fraise et des manchettes tuyautées entourent le cou et les poignets. La robe de soie noire est recouverte d'un surtout de même étoffe avec bouffants aux épaules. Un charmant bijou est suspendu à une chaîne d'or qui s'étage en plusieurs rangs sur la poitrine. Ses doigts sont chargés de bagues.

Ce portrait est simple et vrai. Les mains, très étudiées, sont finement modelées et dessinées avec précision.

Collection du comte Carlo Castelbarco de Milan et du baron E. de Beurnonville.

Panneau cintré du haut. Haut., 70 cent.; larg., 55 cent.

MUSSCHER

(MICHEL VAN)

1645. — 1705. — Rotterdam.

44 — *Jeune fille à sa toilette.*

Assise, vêtue d'une casaque orange et d'une jupe à reflets changeants, elle tient une rose et est accoudée sur la table où sont placés ses bijoux.

Toile. Haut., 51 cent.; larg., 39 cent.

NATTIER

(JEAN-MARC)

1685. — 1766. — Paris.

45 — *Portrait de femme.*

En buste, vêtue d'un peignoir gris garni d'agréments roses; une fleur est piquée dans ses cheveux relevés et poudrés.

Haut., 45 cent.; larg., 33 cent.

NEEFFS

(PEETER)

Né à Anvers, en 1570. — Mort en 1651.

46 — *Vue intérieure d'une cathédrale.*

La nef principale d'une église gothique est vue de face, dans toute sa longueur, elle est animée par des groupes de personnages, peints par *Franck*. A droite, un prêtre dit la messe dans une chapelle.

Signé en haut à droite, en lettres grises.

Bois. Haut., 35 cent.; larg., 49 cent.

NEEFFS

(PEETER)

47 — *Intérieur d'Église.*

A la lueur des cierges, un prêtre officie dans une chapelle latérale à la grande nef d'un édifice gothique.

Bois. Haut., 35 cent.; larg., 44 cent.

NEER

(AART VAN DER)

Né à Amsterdam, en 1613 ou 1619. — Mort en 1684.

48 — *Les Patineurs, effet de jour.*

Un canal glacé traverse une ville de Hollande, les maisons sont environnées de grands arbres aux mille branches se découpant sur un ciel rougeâtre chargé de neige. Une quinzaine de figures donnent de l'animation à ce site; patineurs, bourgeois arrêtés pour faire la conversation, amateurs de traîneaux, etc., etc.

Tableau de haute qualité pour la vérité de l'effet, la finesse des détails, l'harmonie et la transparence du coloris.

Collection de M. le baron E. de Beurnonville.

Bois. Haut., 40 cent.; larg., 70 cent.

OSTADE

(ADRIAAN VAN)

Né à Harlem, en 1610. — Mort en 1685.

49 — *Le Colin-Maillard.*

Dans un intérieur rustique éclairé par une fenêtre à petits carreaux et dont les murs sont traversés par de nombreuses poutres, une douzaine de villageois se récréent au jeu du Colin-Maillard.

Son bonnet enfoncé jusque sur le nez, un grand gaillard marche à tâtons cherchant vainement à saisir les joueurs qui l'esquivent en riant; l'un d'eux s'est glissé derrière lui et lui lance une tape dans le dos. Les autres compagnons, les femmes, les enfants, poussent de grands cris de joie, groupés d'une façon pittoresque autour d'une table sur laquelle est grimpé un vieux ménétrier au feutre enguirlandé de feuilles de vigne.

Charmante composition d'un dessin très serré et d'une extrême délicatesse de coloration.

Bois. Haut., 42 cent. larg., 59 cent.

OSTADE

(ADRIAAN VAN)

50 — *L'École.*

Une vingtaine de bambins, garçons et filles, sont groupés sur les bancs de l'école et tenant tous des cahiers semblent très occupés à apprendre leur leçon. Le maître est assis dans un fauteuil en bois, auprès d'un vieux buffet surmonté d'une pancarte fixée au mur.

Signé et daté 16..

Bois. Haut., 32 cent.; larg., 43 cent.

OSTADE

(ADRIAAN VAN)

51 — *Le Fumeur.*

Tête nue, la figure joviale, il est assis sur une chaise, accoudé du bras gauche au dossier et tenant sa pipe de la main droite. Il est vêtu d'une veste bleue et d'une culotte grise ; sa chemise est ouverte au cou.

Bois. Haut., 18 cent.; larg., 15 cent.

POEL

(EGBERT VANDER)

Né à Rotterdam en ? — Mort en 1690.

52 — *Les Dunes de Scheveningen.*

Au centre, un cavalier arrêté auprès d'un groupe de marchands de poisson ; à droite, une femme assise qui s'entretient avec un homme debout tenant un filet. Au second plan, les bateaux amarrés au long de la plage où les pêcheurs font la vente du poisson. — Une vieille tour couronne les dunes qui se détachent en lumière sur un ciel grisâtre.

Signé : E. VANDER POEL.

Collection Laurent-Richard.

Bois. Haut., 41 cent.; larg., 56 cent.

POELENBURG

(CORNELIS)

Né à Utrecht, en 1586. — Mort vers 1665.

53 — *Les Baigneuses.*

Elles se reposent à demi nues sur les bords élevés d'une rivière qui arrose une campagne boisée où l'on voit çà et là les restes de constructions antiques. Effet de soleil couchant.

Petit tableau très finement peint.

Bois. Haut., 20 cent.; larg., 26 cent.

PYNACKER

(ADAM)

1621. — 1673. — Pynacker (près de Delft).

54 — *Paysage.*

Une montagne, aux pentes escarpées, couverte de végétations et plantée de grands arbres occupe la droite de la composition. La vue se porte à gauche sur une rivière qui coule au second plan reflétant la lumière d'un ciel doré où montent quelques légers nuages.

Toile. Haut., 91 cent.; larg., 1 m. 16 cent.

RAVESTEIN

(JAN VAN)

1572. — 1657. — La Haye.

55 — *Portrait de dame Anne Van Assendelft.*

Représentée à mi-jambes, de trois quarts, une main à la ceinture, l'autre appuyée sur une chaise. Elle est coiffée d'un bonnet de linon recouvert d'une cornette de gaze noire. Sur sa robe en soie foncée se détachent la fraise et les manchettes tuyautées.

On lit en haut du panneau :

Anno 1612 ætatis 65.

Bois. Haut., 1 m. 10 cent.; larg., 80 cent.

RAVESTEIN

56 — *Portrait de Messire Jean Van Schagen.*

Tourné de trois quarts vers la droite, tête nue. Ses cheveux, ses moustaches et sa barbiche gris tranchent sur son teint fortement coloré. Vêtu d'un pourpoint et de hauts-de-chausse en soie noire piquée, l'épée au côté, des chaînes d'or sur la poitrine, il tient un gant dans la main droite et appuie la gauche sur une table couverte d'un tapis rouge.

On lit en haut du panneau :

Anno 1612 ætatis 67.

Bois. Haut., 1 m. 10 cent.; larg., 80 cent.

ROGMAN

(ROLAND)

1597. — 1687. — Amsterdam.

57 — *Paysage.*

Une femme appuyée sur un bâton et un colporteur sont arrêtés sur un talus au pied d'un massif d'arbres. A droite on aperçoit le toit d'une cabane, et à gauche une église de village.

Peinture d'un effet puissant, signée à droite, des initiales de l'auteur R. R.

Bois. Haut., 55 cent.; larg., 82 cent.

ROSA

(SALVATOR)

1615. — 1673. — Arenella, près de Naples.

58 — *Une Bataille.*

Des cavaliers sont aux prises dans une plaine : au premier plan ils s'attaquent avec furie, plusieurs combattants sont désarçonnés.

Cadre sculpté. Toile. Haut., 35 cent. ; larg., 60 cent.

ROTTENHAMER

(JAN)

1564. — 1623. — Munich.

59 — *Le Bain de Diane.*

La déesse et deux de ses compagnes, qui se livrent au plaisir du bain, sont surprises par Actéon.

Cadre sculpté. Cuivre ovale. Haut., 10 cent.; larg., 12 cent.

J. Ruysdael

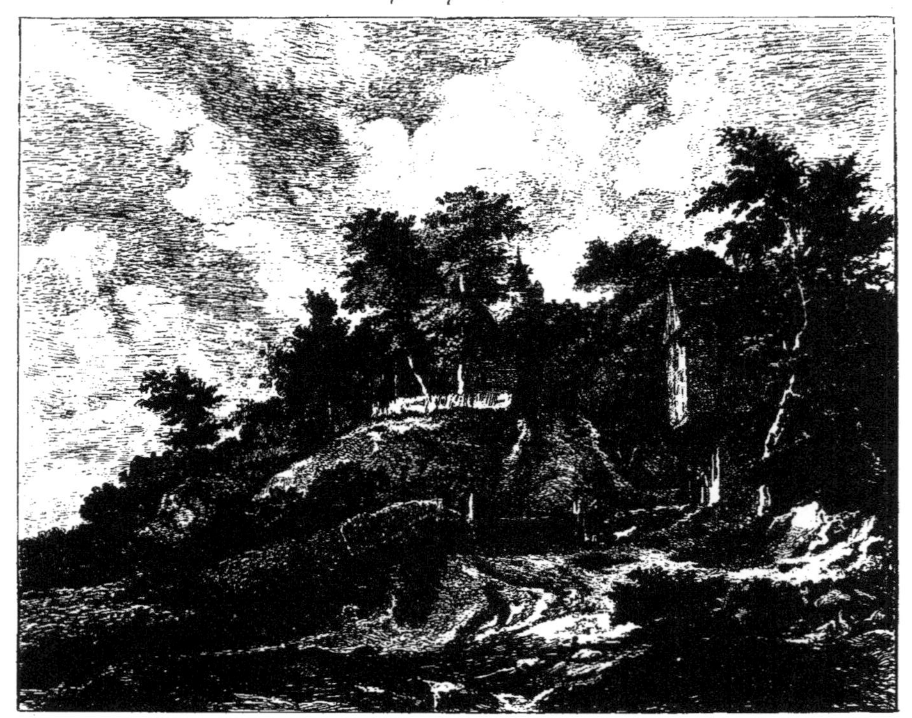

RUYSDAEL

(JAKOB)

Né à Harlem vers 1625 — Mort en 1681.

60 — *Paysage.*

Un cours d'eau au pied d'une colline boisée et verdoyante surmontée d'un château, en partie caché par de grands arbres.

Au centre, un chemin ; à droite, une maison sur la porte de laquelle est une femme; un jeune garçon et un chien se dirigent vers elle.

Superbe tableau du maître.

Signé du monogramme.

Gravé par G. Greux.

Collection François Nieuwenhuys.

Toile. Haut., 59 cent.; larg., 74 cent.

RUYSDAEL

(JACOB VAN)

61 — *Le Sentier dans la forêt.*

Au premier plan, dans une petite clairière, un homme se repose auprès d'un tronc d'arbre renversé sur le sol. Un peu plus loin, le sentier entre dans le bois et se perd dans les taillis.

Bon tableau de la première manière du grand paysagiste hollandais.

Signé en toutes lettres et daté 1651.

Bois. Haut., 44 cent.; larg. 30 cent.

RUYSDAEL

(SALOMON VAN)

Né à Harlem, en 1610. — Mort en 1670.

62 — *Le Combat sur le pont.*

Fantassins d'une part, cavaliers de l'autre, se précipitent des deux rives sur un pont en briques à une seule arche, au milieu duquel ils se sont joints et combattent corps à corps. C'est une mêlée furieuse.

Déjà plusieurs combattants, renversés par dessus le parapet, sont tombés à l'eau. D'autres, embarqués dans des canots, entretiennent un feu nourri de mousqueterie sur la troupe des cavaliers. A gauche, se dresse un arbre immense penché sur la rivière.

Beau et important tableau de l'artiste.

Signé en toutes lettres et daté 1658.

Toile. Haut., 88 cent.; larg., 1 m. 05 cent.

SCHENAU

(JEAN ÉLÉAZAR)

63 — *Le Concert.*

Dans un intérieur Louis XVI, cinq jeunes femmes, en grande toilette, sont réunies pour faire de la musique. L'une d'elles, debout, au centre, vêtue d'une robe de satin blanc, les yeux au ciel, une main sur la poitrine, chante une romance sentimentale, accompagnée sur le clavecin par une autre dame en robe de soie jaune brodée d'argent. Derrière celle-ci, un page tient une mandoline; c'est un négrillon dans un costume à l'orientale, couvert de perles et de bijoux.

Au fond de la pièce, à gauche, est un groupe d'auditeurs discrètement cachés derrière la porte entr'ouverte, au delà de laquelle on aperçoit dans un parc une statue de Cupidon.

Cette agréable composition, intéressante par l'élégance et la diversité des costumes, est en outre d'une exécution très soignée. Elle porte la signature de l'artiste sur le pupitre de la chanteuse.

Haut., 85 cent.; larg., 68 cent.

STEEN

(JAN VAN)

Né à Leyde, en 1636. — Mort à Delft, en 1689.

64 — *La Prédication de saint Jean.*

Dans un site sauvage, saint Jean est debout au milieu d'une foule recueillie. A gauche, une femme tenant un enfant dans ses bras ; à droite, une jeune fille vêtue de blanc, ayant près d'elle un guerrier coiffé d'un turban ; sur le devant, un soldat à cheval tenant un étendard, etc.

Ce tableau dans lequel Jean Hackert a peint le paysage, faisait pendant à une autre composition, représentant Moïse frappant le rocher. — Ils figuraient tous deux dans les collections Rotham et du prince Robiano. — Le Moïse fut acquis plus tard par le comte Demidoff et se trouve compris dans la célèbre vente des vingt-trois tableaux qui se fit en 1868.

La Prédication de saint Jean ayant pris une autre direction passa, en 1840, dans la collection Malée, de Bruxelles, puis dans celle de M. Govelo, et enfin dans la collection Thomas Emmerson.

Décrit dans le catalogue raisonné de Smith, tome II, page 33, n. 102.

Collection François Nieuwenhuys.

Toile. Haut., 1 m. 07; larg., 1 m. 13.

STEEN

(JAN)

65 — *Le Vieillard amoureux.*

Beau tableau du maître, signé J. Steen.
Collection Broecks, de Londres.

Bois. Haut., 48 cent.; larg., 39 cent.

STEEN

(JAN)

66 — *Les Deux buveurs.*

Auprès de la cheminée, dans une pièce confortablement garnie d'ustensiles de ménage de toute sorte, sont attablés un paysan et sa femme, Celle-ci, le pied sur une chaufferette, vient de s'endormir, laissant tomber sa tête pesante sur le coin de la table. L'homme, fier de sa supériorité, sourit dédaigneusement et continue à fumer et à boire.

Bois. Haut., 38 cent.; larg., 30 cent.

STEEN

(JAN)

67 — *La Partie carrée.*

Sous la tonnelle d'un cabaret, un vieux galant courtise une femme en corsage jaune et en jupe rose; celle-ci semble très occupée à manger des gaufres et à vider une canette d'étain. Une autre jeune fille est assise à la table, que vient de quitter un militaire coiffé d'un feutre, l'épée battant les mollets, et vu de dos, debout contre un arbre.

Bois. Haut., 33 cent.; larg., 40 cent.

STRY

(JACQUES VAN)

1756. — 1815. — Dordrecht.

68 — *Pâturage.*

Au premier plan, une chèvre debout, une vache et deux moutons couchés. Plus loin, une villageoise, portant un seau et un pot de cuivre, s'avance accompagnée d'un enfant.

Excellent tableau rappelant les œuvres de Cuyp par son exécution grasse, par son coloris chaud lumineux.

Bois. Haut., 35 cent.; larg., 44 cent.

TENIERS FILS

(DAVID)

Né à Anvers, en 1610. — Mort à Bruxelles, en 1694.

69 — *Tabagie flamande.*

Un homme, en toque rouge, veste grise et culotte brune, assis sur un escabeau et accoudé sur une table, tenant une canette de la main gauche et sa pipe de la main droite, lance une bouffée de fumée dont il contemple béatement les spirales montantes. Assis à la même table, un second fumeur est occupé à bourrer sa pipe. Presque au fond de la pièce, un troisième personnage, vu de dos, s'appuie au mur.

Charmant tableau du maître, dans la gamme argentée et d'une exécution pleine d'esprit.

Signé en toutes lettres.

Il provient des collections de lord Mulgrave, du général Phipps, de Londres, et de M. Dufraine, de Cambrai.

Bois. Haut., 24 cent.; larg., 19 cent.

THULDEN

(THÉODORE VAN)

1607 ? — 1676 ? — Bois-le-Duc.

70 — *Adonis partant pour la chasse.*

La déesse, richement vêtue, assise auprès d'une fontaine, le bras gauche étendu, aidée par l'Amour, cherche à retenir son amant.

Très belle esquisse, d'une exécution facile, d'un ton blond, très délicat.

Toile. Haut., 71 cent.; larg., 89 cent.

TIEPOLO

(GIAM-BATTISTA)

1693. — 1770. — Venise.

71 — *Bacchanale.*

Auprès d'un temple circulaire, des bacchantes et des faunes, se tenant par les mains, dansent une ronde, entourés d'enfants et de jeunes femmes jouant du tambour de basque ou tenant des coupes.

Composition très gracieuse. Coloris clair, brillant, des plus flatteurs.

Toile. Haut., 80 cent.; larg., 96 cent.

TILBORCH

(GILLES VAN)

1625? — 1678? — Bruxelles.

72 — *Un Campement.*

Dans un site agreste, au pied d'une tour en ruines, des soudards ont dressé leurs tentes Plusieurs jouent aux cartes sur un tonneau. A gauche, un homme se prosterne devant un chef à cheval. Par terre, des armures, des armes, des étendards, des harnachements de chevaux.

Collect[illegible]n San Donato.

Toile. Haut., 84 cent.; larg., 1 m. 21 cent.

TITIEN

(Attribué à TIZIANO VECELLIO)

1477. — 1575. — École vénitienne.

73 — *Portraits du Jurisconsulte Filetto Francesco et de son fils.*

Représenté à mi-jambes, en costume de soie noire, à manches brochées à ramages; il porte toute sa barbe qui se détache sur un large col uni. Il tient un feuillet dans sa main droite et appuie sa main gauche sur l'épaule de son fils. Celui-ci, dont on n'aperçoit que le buste, est en costume de nuances claires.

Toile. Haut., 1 m. 10 cent.; larg., 83 cent.

UITENWAAL

(JOACHIM)

Né à Utrecht, en 1566. — Mort après 1625.

74 — *Le Jugement de Pâris.*

L'artiste a placé le groupe principal de cette jolie composition au milieu de nombreuses figures, divinités de la terre et des eaux. Elles sont d'un dessin énergique et d'une grande allure. Les moindres détails sont rendus avec une rare perfection.

Les œuvres de Uitenwaal sont très rares. Celle-ci a fait partie de la collection Lormier, vendue en 1763, n° 304 du Catalogue, et de la collection Heemskerk vendue en 1765. Elle est citée dans le *Dictionnaire des peintres* de Siret.

Cuivre. Haut., 15 cent. et demi ; larg., 20 cent.

VERKOLYE

(NICOLAS)

1673. — 1746. — Delft.

75 — *Tarquin et Lucrèce.*

Dans l'intérieur somptueux d'un palais à colonnes, Tarquin fait violence à Lucrèce.

Signé en toutes lettres.

Bois. Haut., 47 cent.; larg., 56 cent.

VRIES

(RENIER DE)

1650. — Haarlem.

76 — *Paysage.*

Un chasseur, au premier plan, est agenouillé au bord d'une mare et rattache le collier de l'un de ses chiens. A droite, sur une élévation de terrain, une maisonnette est attenante à une église dont le clocher se dresse au-dessus des arbres. Dans le lointain, un moulin à vent coupe la ligne de l'horizon.

Bois. Haut., 53 cent.; larg., 68 cent.

WOUWERMAN

(PHILIPS)

Né à Harlem, en 1620. — Mort en 1668.

77 — *Le Maréchal ferrant.*

Le maréchal et deux aides sont en train de ferrer un cheval blanc. Deux autres ouvriers frappent sur l'enclume, et deux femmes sont assises devant la forge établie dans un gros rocher que domine une maison en ruines. Un chemin en pente contourne le rocher. Sur ce chemin, trois chevaux traînent une charrette chargée de marchandises ; un homme la pousse par derrière. Ciel chargé de nuages.

Tableau d'un effet agréable et peint avec une extrême délicatesse de touche.

Bois. Haut., 37 cent.; larg., 30 cent.

WOUWERMAN

(PIETER)

Né à Harlem, en 1625. — Mort en 1683.

78 — *Le Départ pour la chasse.*

Une brillante cavalcade, dames et seigneurs, élégamment vêtus et accompagnés de valets de chiens et de fauconniers, débouche d'un pont qui aboutit à la porte d'un château.

Importante et très agréable composition signée des initiales de l'artiste : P. W.

Toile. Haut., 82 cent.; larg., 1 m. 08 cent.

WOUWERMAN

(PIETER)

79 — *L'Hôtellerie.*

Un cavalier et une amazone sont arrêtés devant l'hôtellerie. Un page, descendu d'un cheval blanc, son chapeau à la main, s'adresse à une servante accourue sur la porte. Un palefrenier apporte la provende aux chevaux. Des enfants jouent avec des chiens.

A droite, au delà d'une rivière, on découvre de vastes plaines bornées à l'horizon par des collines azurées.

Signé des initiales.

Bois. Haut., 50 cent.; larg., 40 cent.

WOUWERMAN

(PIETER)

80 — *Le Cheval blanc.*

Dans un souterrain, un cheval blanc, la selle couverte par le manteau rouge de son maître, est attaché par la bride à un poteau, et piaffe d'impatience d'un repos trop prolongé. Devant lui est un chien couché auprès d'un piédestal surmonté d'une statue et sur lequel sont tracées les initiales de Pierre Wouverman.

Collection Lenglart, de Lille.

Bois. Haut., 20 cent.; larg., 26 cent

WOUWERMAN

(PIETER)

81 — *La Halte.*

A la porte d'une hôtellerie pavoisée, sont arrêtés plusieurs cavaliers; l'un tire en l'air un coup de pistolet, un autre sonne de la trompette. Des tentes sont dressées sur les deux rives d'une rivière, au second plan.

Signé des initiales.

Toile. Haut., 36 cent.; larg., 50 cent.

WYNANTS

(Attribué à)

82 — *Les Terrains sablonneux.*

Des chasseurs sur un monticule de sable vivement éclairé par un rayon qui perce les nuages.

Bois. Haut., 36 m.; larg., 33 cent.

ÉCOLE ANGLAISE

(XVIIe siècle)

83 — *La Dame au masque.*

C'est une jeune et jolie femme, vue presque de face, costumée à la mode espagnole : toquet coquettement posé sur l'oreille, robe de velours à manches tailladées, manteau doublé en satin clair. Elle tient un loup de la main droite.

Toile. Haut., 80 cent.; larg., 63 cent.

ÉCOLE FRANÇAISE

(XVIIIe siècle)

84 — *Jeune fille endormie.*

85 — *Jeune fille parée de roses.*

Deux petits pendants dans de jolis cadres sculptés.

Haut., 15 cent.; larg., 12 cent.

ÉCOLE VÉNITIENNE

(XVIIIe siècle)

86 — *Venise pendant l'hiver de 1788.*

Multitude de personnages sur la glace. Un cartouche, dans le haut du tableau, porte une inscription commémorative de cet hiver rigoureux.

Toile. Haut., 98 cent.; larg., 1 m. 36 cent.

TABLEAUX

DES

XVe ET XVIe SIÈCLES

DÉSIGNATION

WEYDEN

(ROGER VAN DER)

1400. — 1464. — École flamande.

87 — *Le Calvaire.*

Au centre, Jésus expire sur la croix ; des anges recueillent dans des calices le sang qui coule de ses plaies.

A gauche, un groupe pathétique : Marie Madeleine et Marie Salomé, en proie à la plus intense douleur et agenouillées aux côtés de la Vierge qui s'évanouit entre les bras de saint Jean.

A droite, un second groupe composé de pharisiens et d'hommes d'armes. Le plus proche du spectateur est un guerrier vu de profil, revêtu d'une curieuse armure de joute, la lance au poing, et montant un cheval blanc.

De chaque côté, aux extrémités de la composition, sont exposés les deux larrons crucifiés ; des bourreaux leur brisent les jambes à coup de massue. Un ange vient chercher, pour la conduire au ciel, l'âme du larron repentant. Le démon s'empare de celle du malfaiteur endurci.

Dans le lointain on aperçoit la ville de Jérusalem, entre deux montagnes sur lesquelles l'artiste a représenté de nombreux épisodes de l'histoire de Jésus, tels que : l'Entrée à Jérusalem, la Tentation au désert, la Scène au mont des Oliviers, la Montée au Calvaire, la Déposition de la Croix, l'ensevelissement, la prédication, la pendaison de Judas, etc., etc.

Œuvre capitale et l'un des plus remarquables spécimens de l'art flamand au commencement du xve siècle, pour la simplicité de la composition, la naïveté touchante des expressions, le jet dramatique des attitudes et surtout pour le beau caractère du dessin.

Bois. Haut., 1 m. 20 cent.; larg., 1 m. 98 cent.

METSYS

(QUENTIN)

1466? — 1530. — Louvain.]

88 — *Sainte Véronique.*

La tête inclinée en avant, elle est revêtue d'un somptueux costume du xve siècle, cornette d'or toute bordée de perles, robe de brocart incarnat. Elle tient des deux mains le linge qui a reçu l'impression de la face divine. Dans les lointains du paysage on distingue une ville fortifiée.

Bois. Haut., 50 cent.; larg, 32 cent.

METSYS

(QUENTIN)

89 — *Le Sauveur du Monde.*

A mi-corps, levant les mains et montrant ses stigmates, les épaules recouvertes d'un manteau rouge brodé d'or, fixé à la poitrine par une agrafe d'or et de perles. Par l'embrasure d'une fenêtre on aperçoit l'intérieur d'une ville.

Bois. Haut., 50 cent.; larg., 32 cent.

SALAINO OU SALARIO

(Attribué à ANDREA)

École florentine. — Commencement du XVIe siècle.

90 — *Portrait d'Andrea Doria.*

Vu de profil, en buste, tourné vers la gauche, il a les cheveux blancs ainsi que la barbe qu'il porte en pointe. Il est coiffé d'une toque noire et, sur son vêtement de même couleur, se détache la chaine d'or à laquelle est suspendue l'ordre de la Toison-d'Or.

Toile. Haut., 30 cent.; larg., 23 cent.

ÉCOLE DE BRUGES

(XVe siècle)

91 — *Deux volets de triptyque.*

Celui de droite représente saint Jean Baptiste, debout, vêtu d'une tunique verte et d'un manteau rouge et portant l'agneau pascal.

Celui de gauche représente saint Jérôme, au désert, agenouillé devant un crucifix fixé à un arbre.

Ces deux peintures sont très remarquables et portent tous les caractères des œuvres de *Hans Memling* à qui elles sont attribuées.

Haut. de chaque volet, 86 cent.
Larg. de chaque volet, 30 cent.

ÉCOLE DE BRUGES

(XVe siècle)

92 — *Triptyque.*

Le panneau principal représente la Vierge et l'enfant Jésus adoré par des anges jouant de divers instruments.

Volet de droite : Saint François.

Volet de gauche : Saint Antoine.

Œuvre remarquable pour la finesse de l'exécution, l'harmonie et la transparence du coloris.

Haut. du panneau principal, 33 cent.; larg., 25 cent.
Haut. des volets, 33 cent.; larg., 10 cent.

ÉCOLE VÉNITIENNE

(XVe siècle)

93 — *L'Adoration des Mages.*

Douze personnages vus à mi-corps de grandeur naturelle.

Ce très intéressant tableau paraît être l'œuvre de l'un des Bellini.

Bois. Haut., 68 cent.; larg., 1 m. 10 cent.

ÉCOLE ALLEMANDE

(XVIe siècle)

94 — *Lucrèce.*

Elle est enveloppée dans un ample manteau de pourpre bordé de fourrure et porte un collier, un pendentif et divers bijoux richement ciselés.

Bois. Haut., 60 cent.; larg., 45 cent.

www.ingramcontent.com/pod-product-compliance
Ingram Content Group UK Ltd.
Pitfield, Milton Keynes, MK11 3LW, UK
UKHW022109170726
13837UKWH00003B/1139

9 782329 495194